DE
L'INFLUENCE
DES
SOCIÉTÉS SECRÈTES
SOUS UN GOUVERNEMENT CONSTITUTIONNEL.

DE
L'INFLUENCE
DES
SOCIÉTÉS SECRÈTES
SOUS UN GOUVERNEMENT CONSTITUTIONNEL.

CONSIDÉRATIONS

SUR

MM. DE PEYRONNET ET DE CHANTELAUZE,
EX-MINISTRES DE CHARLES DIX.

PAR L. L******

PRIX : **75** centimes.

à Paris,

CHEZ L'AUTEUR, RUE SIMON-LEFRANC, N° 17;
Et chez les Marchands de Nouveautés.

1836.

DE L'INFLUENCE

DES

SOCIÉTÉS SECRÈTES

SOUS UN GOUVERNEMENT CONSTITUTIONNEL.

Lorsque, il y a six ans, la liberté de la presse fut proclamée, divers publicistes parlèrent, dans leurs écrits, des ex-ministres de Charles X, de leurs projets, de leurs ordonnances qu'ils qualifièrent du nom de crimes.

Le plus grand nombre, guidé par l'ambition, a cherché à mutiler leur mémoire. Nous concevons facilement qu'ils puissent, surtout s'ils sont bons français, déplorer la perte d'un millier de citoyens, morts, les uns dans la certitude d'accomplir un devoir, les autres, et c'est le plus grand nombre, combattant pour la Charte, croyant combattre pour la liberté. Ceux qui connaissent de plus près, les motifs qui ont pu déterminer les agens du gouvernement déchu, ceux-là, n'ont pu voir qu'avec peine, les rigueurs accumulées sur ces victimes d'*un hasard*. Ce que nous ne pouvons concevoir, nous, c'est que les défenseurs des ex-ministres n'ayent, dans leur brillant plaidoyer, abordé franchement les vraies causes de tant de rigueurs, pour diminuer la gravité des circonstances.

La seule excuse qu'ils puissent alléguer, c'est que, la position de chaque accusé était extrêmement difficile, vu l'effervescence du peuple, et qu'une foule de ménagemens devait être gardée, pour faciliter par ce moyen au gouvernement de Louis-Philippe la marche d'arriver à une condamnation non capitale; car, eux, ne pouvaient ignorer, comme tout le monde le sait aujourd'hui, qu'une conspiration réelle, conspiration ourdie par une société active et puissante, n'ait, dans l'unique but de satisfaire sa propre ambition, réduit le gouvernement de de Charles X aux dernières extrémités.

Quoique le succès obtenu par ces ambitieux soit immense, quoique le résultat ait, pour ainsi dire, dépassé l'attente, l'histoire, ce juge impartial, mais sévère, croirait être redevable envers la postérité, si elle ne signalait un jour, dans les annales de notre patrie, les noms de ces conspirateurs.

Maintenant, que deux des ex-ministres viennent d'obtenir du gouvernement leur mise en liberté, maintenant que nous n'avons aucune crainte d'aggraver leur position, nous allons, historiens fidèles et impartiaux, aborder franchement une question que personne n'a osé traiter avant nous. Peut-être que, publiant la vérité sur leurs malheurs passés, nous pourrons être utiles à leurs infortunés collègues, qui gémissent dans les fers.

La première question que nous pourrons adresser à MM. les Electeurs de 1830, est celle-ci :

Est-il vrai, qu'en 1830, un gouvernement, autre que celui de Charles X, était en permanence, et que ses membres à la tête desquels se trouvait le général Lafayette, dirigés par un comité central sis à Paris, rue Louis-le-Grand, Nº 9, agissaient contre le gouvernement d'alors, dans tous les arrondissemens de Paris, comme dans tous les chefs-lieux de département, avec une unité parfaite ?

Est-il vrai, que ces membres, au nombre de cent environ dans chaque arrondissement de Paris, et de douze à quinze pour chaque département, avaient, pour mission spéciale, de se partager les visites à rendre à leurs électeurs à l'effet de faire nommer un candidat convenu, soit par l'effet du double vote, soit par le renouvellement général, à la fin d'une session ?

A ces deux questions, on ne peut certainement répondre

que d'une manière affirmative. Personne ne viendra nous donner un démenti. Si l'on voulait nier ce que nous venons d'avancer, nous pourrions donner mille preuves. Comment supposer, par exemple, qu'un avocat, du département des Bouches-du-Rhône, fut nommé député dans le département du Bas-Rhin, si, une organisation, préparée pour la nomination de ce candidat, n'eut été réellement machinée? Qui connaissait M. Thomas, dans l'Alsace? Repondez, hommes de bonne foi.

Les journaux de l'époque, les journaux de l'opposition, n'annonçaient-ils pas d'avance les candidats promus à la majorité? Les partisans du comité de tel ou tel département n'avaient-ils pas reçu la mission de faire connaître d'avance quel était le résultat de leur intrigue? Cette société, qui avait envahi toutes les parties de la France, avait-elle le droit d'agir ainsi? Cette question est à résoudre. Cette organisation ne constituait-elle pas une attaque directe, et les membres qui la composaient ne devaient-ils pas être en dehors de toute protection légale, puisqu'ils substituaient, par leurs démarches, leurs promesses, leurs volontés à celles des électeurs qui, quelques-uns sans défiance, les autres sciemment, se livraient à ces coupables manœuvres? Si ces mêmes hommes viennent nous dire que ces élections ont été le résultat de la volonté du peuple, je leur répondrai : Vous n'êtes que des intrigans qui ne travaillez que pour vous; qui eussiez mérité d'être livrés pieds et poings liés à ceux que vous avez fait juger et condamner. Quand nous parlons ainsi, c'est, qu'écrivains consciencieux, sûrs de ce que nous avançons, nous devons reprocher à ces mêmes hommes de n'avoir connu que leurs intérêts quand ils auraient dû suivre la route qu'ils s'étaient tracée.

Il est pour nous un devoir de signaler l'égoïsme et l'ambition de tous ceux qui jadis s'étaient marqués du voile de l'hypocrisie, et qui, sans les nommer, jouissent aujourd'hui de toutes les faveurs et sont en position de tous les emplois. Si les faits ne parlaient pas assez haut, nous pourrions leur adresser les questions suivantes :

Dans quel but, et pourquoi, avez-vous travaillé pendant plus de six ans, par tous les ressorts de l'intrigue et de votre association, à obtenir la majorité des voix dans la chambre des représentans du pays? Etait-ce pour arriver seulement à remplacer les ministres, et à leur en substituer d'autres plus libéraux? Non; la masse des électeurs que vous trompiez ne travaillait point pour ces simples changemens; car elle n'aurait trouvé pour elle aucun avantage; vous travailliez, disiez-vous, pour renverser le gouvernement de la France, pour les franchises de votre patrie, pour la société. L'Europe, pensiez-vous, peut s'ébranler, la France profitera de la leçon qu'elle aura donné aux autres nations, elle sera chérie et obtiendra des ressources incalculables. Aux exaltés, ne parliez-vous pas de république, de soulèvement général, etc. Eh bien! les électeurs vous ont aidé; les patriotes de bonne foi vous ont trop long-temps protégé; enfin, le peuple que vous avez fait mutiler dans votre seul intérêt, vous à soutenu, et il a gagné le procès, non pour lui, mais pour vous. Pourquoi, le 29 juillet, n'avez-vous pas proclamé la république, puisque vous conspiriez et que vous aviez réussi? Pourquoi vous êtes-vous arrêté et avez-vous réfléchi qu'il y avait de la témérité à proclamer ouvertement ce que vous aviez annoncé secrètement? Parce que dans votre frayeur vous avez pensé à vous plutôt qu'à vos sermens, ou à la cause qui, disiez-vous, était sacrée pour vous; vous avez tremblé, et, dans votre impuissance, vous avez tâché de vous couvrir momentanément, dans l'espoir, sans doute, que le prince que vos intentions étaient de tromper plus tard, comme vous avez trompé les électeurs et ceux qui avaient alors confiance en vous, serait assez faible pour vous laisser gouverner.

Puisque vous aviez commencé, pourquoi reculer?

Vous deviez consulter les circonstances sans frayeur, ne fût-ce que pour accomplir vos devoirs et vos sermens. Non; vous avez préféré, comme nous l'avons dit plus haut, faire halte, vous emparer de suite, des postes que vous convoitiez depuis si long-temps, et sous prétexte que le prince pouvait ne pas être assez solide sur le trône, vous avez constitué l'usurpation que vous vous êtes ménagée par le secours de vos électeurs, de vos dupes; car, vous seuls, messieurs du comité, avez accaparé en masse.

Enfin, en l'état, vous avez profité des circonstances; mais on peut vous dire, vous prouver que les emplois que vous avez, que les faveurs dont vous jouissez, vous les avez acquises par l'intrigue et les conspirations, puisque vous n'étiez rien avant, et que ce que vous êtes aujourd'hui, vous ne pouvez l'être que parce que vous avez trompé vos amis, trahi vos sermens et mendié ce qu'un homme d'honneur ne demande jamais.

Pour arriver au but que nous nous sommes proposé dans cet aperçu, après avoir donné une idée des hommes et des circonstances, nous allons raconter plus clairement que ne l'ont fait les écrivains qui nous ont précédé, comment se sont passés les faits; la France alors, jugera, s'il y avait justice à condamner les ministres de Charles X.

Dans un temps où tant d'intrigues planent sur la France, où tant de prétendans cherchent à vivre aux dépens de ses enfans, pourquoi, puisque nous en avons le droit, n'expliquerions-nous pas toute notre pensée? Pour gagner la confiance publique, il faut plus de franchise, plus de courage et plus de loyauté. Lorsqu'on réfléchit un instant, on ne peut qu'être révolté de l'impudence avec laquelle, certains êtres, se constituant en opposition avec les besoins de la société, sacrifient à leur ambition personnelle la tranquillité des plus respectables citoyens. Il nous serait facile de donner ici un tableau de la hiérarchie aristocratique. Nous pourrions représenter le pauvre maltraité, honni, bafoué par le riche; mais passons.

Nous arrivons aux faits qui nous ont placé dans les circonstances pitoyables où notre pays se trouve réduit depuis quelque temps. Nous allons les raconter avec plus de franchise que ne l'ont fait nos devanciers. Nous proclamerons hautement la vérité, sans haine, sans crainte.

En 1830, une révolution devait s'opérer. Une foule de causes faisaient pressentir l'effet. Des inimitiés engendrées par les désastres de nos pères, le souvenir de la république et de l'empire, le besoin d'une ambition particulière marquée sous un système de liberté populaire étaient tout autant de causes qui faisaient trembler le gouvernement. Ajoutez une résistance régulière qui s'organisa contre les Bourbons depuis Louis XVIII, et qui fut suivie jusqu'à la fin du règne de Charles X. Le chef de cette bannière de résistance est assez connu et à assez maladroitement fini sa carrière. Nous pouvons, sans crainte, le nommer : c'était Lafayette, homme adroit, aristocrate avec des apparences simples, bon si vous voulez, mais pusillanisme; assez connu pourtant, pour pouvoir au besoin s'entourer de toutes les notabilités européennes, et parvenir à se faire reconnaître pour l'un des premiers piliers populaires, pour l'homme de la liberté : puissant par son adresse, prépondérant par son nom, il s'était ménagé le secours de la plus grande partie de ces hommes remuans, dont l'opinion n'est jamais fixe. Soit que l'adresse qu'il a constamment développée dans tout le cours de sa vie, soit que l'incurie du gouvernement de la restauration, aient facilité ses projets, il parvint, avec un rare bonheur, à soustraire ses machinations ambitieuses à toutes les investigations de la police.

Ceci est tellement vrai, qu'en 1829, au mois de décembre, le gouvernement de Charles X n'avait encore eu aucun soupçon que Lafayette fut plus puissant que le roi, que son secrétaire particulier, eut autant d'influence que son président du conseil, que les chefs de partis n'eussent autant de crédit que ses ministres, que ses premiers commis, soit à Paris, soit dans les départemens, fussent plus influens que des préfets, et ainsi de suite de toute sa clientelle organisée en gouvernement occulte. Nous pouvons assurer que ses premiers agens, rivalisaient de pouvoir avec les mieux soldés de l'État et ce, avec tant d'influence que, maître souverain de la représentation nationale par la puissance de son organisation électorale, il était parvenu à disposer à son gré le vote des députés qui étaient tous nommés d'avance par l'influence de son comité.

Ainsi, nul doute que ce chef de parti avait réellement décidé de profiter de sa position, puisque, bien avant l'époque de la révolution de juillet, on disait hautement autour de lui, que le refus de l'impôt était le seul remède souverain ; or, la révolution étant combinée d'avance, nul doute aussi qu'elle ne dut être soutenue à une époque fixée ; une conspiration puissante était donc bien organisée. Maintenant, voyons comment les circonstances ont fait avorter ce projet ourdi avec tant de persévérance.

Les ministres de Charles X ne pouvaient connaître les noms des divers membres qui composaient la société : *Aide-toi, le ciel t'aidera ;* mais convaincus de la puissance de cette société, de son influence dans les élections et de plus de ses projets révolutionnaires, ils furent forcés de chercher des moyens pour secouer cette influence si redoutable. Quels moyens devaient-ils employer, l'arrestation des coupables ? Ils ne pouvaient pas, puisque, quelque diligence qu'ils pussent faire, ils ne pouvaient refaire ni contre-balancer les élections ; faire arrêter les membres de cette société ? C'est ce qu'ils auraient dû faire. Ils préférèrent rendre des ordonnances

pour paralyser les progrès de la conspiration. En avaient-
ils le droit? Restaient-ils dans les limites de leurs char-
ges? Répondez, messieurs du comité. Que pouvez-vous
reprocher aux ministres? De s'être défendus; mais,
pourquoi, ne se seraient-ils pas défendu? Ne devait-on
pas les mettre en jugement sitôt l'ouverture des chambres
de 1830? N'étaient-ils pas sûrs d'être condamnés puisque le comité conspirateur avait obtenu 221 voix qui
formaient la majorité et proclamaient leur condamnation? Le vieillard, Labbey de Pompières, n'avait-il pas été
assigné d'avance pour porter la parole accusatrice? Que
devaient faire les ministres de Charles X, certains et pré-
venus qu'ils étaient, par une portion de messieurs les députés, aspirans conventionnels, plus égoïstes qu'eux, puisque,
les circonstances changées, ils n'ont plus connu que leurs
intérêts et essayé de profiter des circonstances? Pourquoi, messieurs du comité, en ce moment suprême, en
ce moment où le sang du peuple ruisselait dans tout
Paris; pourquoi, vous demandera-t-on toujours, ne
vous êtes-vous pas prononcé et n'avez-vous pas proclamé
le système du gouvernement pour lequel vous avez mon-
tré tant de dévouement? Parce que vous auriez été sur-
pris, parce que les affaires de juillet n'avaient été com-
mencées par aucun des chefs de la conspiration et que
vous craigniez qu'un coupe-gorge ne vous fût présenté
soit par les gouvernemens amis de Charles X, soit par la
puissance du gouvernement que vous veniez d'abattre.
Vous avez donc travaillé lâchement; lorsque vous avez
vu le danger, vous avez pâli; vous avez chancelé, bien
que 10,000 mourans constatassent une révolte générale.
Vous avez, en cette dernière occasion, oublié tous les
efforts faits par de vrais patriotes que vous avez lâchement trahi et vendu. Vous vouliez, dites-vous, vous
servir de l'égide du prince parce que vous étiez dans
l'incertitude si vous réussieriez ou si vous ne réussieriez pas; mais, alors, votre conduite n'en sera que
plus blâmable; elle dévoilera encore plus la noirceur de

votre procédé, puisque, non-seulement en cette occasion vous étiez lâches, mais vous aviez encore l'intention de tromper, tout en laissant croire que vous désiriez ou plutôt que le peuple désirait tel ou tel personnage pour son roi. Aussi, qu'est-il arrivé? C'est que le prince que vous avez fait élever a profité de votre lâcheté; il a compris ce qu'il avait à faire; il a pardonné aux uns, il a souffert les autres et a laissé de côté, ceux qui, trop francs pour se cacher, ont resté dans leur position primitive.

Quelle que soit l'opinion des français sur la conduite politique de leur souverain, on aurait tort de ne pas donner pleine adhésion au système constamment suivi par Louis-Philippe. Cette constante surveillance pour les intérêts de sa dynastie, cette inflexibilité, cette assiduité dans les conseils; enfin, cette sage vigilance pour l'ordre rétabli, donnent une parfaite certitude que ce prince a parfaitement compris sa position, qu'il en a profité et qu'il en profitera encore, en dépit de ceux qui voulaient tromper le prince qui règne actuellement, en le proposant alors lieutenant général du royaume. Cette proposition était une lâcheté, une inconséquence politique du premier ordre, la faute la plus capitale qu'il soit possible de commettre. Car, je vous le demande, peut-on supposer, que le général de la garde Nationale, ait fait bénévolement cette sottise? n'est-il pas évident qu'il a voulu se tirer d'affaire lui même, dans l'espoir de profiter plus tard sans aucun risque des avantages extraordinaires qui étaient convoités avec tant de ténacité? Hé bien! Puisque vous n'avez pas eu le courage d'achever votre œuvre, pourquoi trouvez-vous mauvais que ceux que vous avez été chercher fassent leurs efforts, pour conserver leur rang? Mais on ne devait pas certainement, s'attendre à une nullité politique en donnant les rènes du gouvernement au duc d'Orléans. On devait s'attendre plutôt à une résolution bien prise. Ainsi rien que de naturel dans la conduite qu'a tenue le Roi dans toutes les circonstances, et qui aurait gouverné autrement ? Pourquoi, quand on a assisté aux élections de 1830 , ne pourrait-on pas affirmer qu'à une époque à peu près déterminée la royauté constitutionnelle doit succomber devant la représentation nationale ? Qu'est-ce qu'un pouvoir qui ne roule que sur des fractions d'assemblées, fractions qui grossissent suivant telle ou telle cabale de députés ou de chefs de parti ? Quoi de plus ridicule que de lire tous les jours dans les diverses feuilles publiques : le centre a vociféré, le tiers parti boude, l'opposition dynastique tempête, etc. ? Quand on considére comment ces Messieurs sont arrivés à la chambre, quand on pense aux intrigues qui les y ont fait admettre ; on est tenté de plaindre un pouvoir, un gouvernement, un roi, qui sont obligés de passer par les caprices de tant d'envoyés qui ne s'entendent jamais, et qui ne votent ensemble que dans l'intention bien arrêtée de balancer la force du gouvernement, de se rendre nécessaires ou dangereux, et de pouvoir arriver à leur but qui est leur intérêt individuel.

Il nous importe peu que le gouvernement actuel s'appuie , pour sa propre sûreté sur telle ou telle base. Nous n'avons voulu qu'une chose, faire connaître au peuple trop souvent abusé, que la plupart des orateurs, des publicistes, des chefs de partis, etc. , n'ont travaillé, ne travaillent et ne travailleront toujours que dans leur intérêt personnel , soit en pérorant en pleine assemblée, en faisant paraître tel ou tel article, soit en conspirant sourdement, et qu'un bon remède devrait une fois pour toutes, être apporté à la première démonstration d'une opposition sérieuse, ce que nous désirons sincérement pour ne plus voir se renouveler le scandale de plusieurs assemblées d'électeurs telles que celles de 1830 , scandale qui a renversé une dynastie que tant de siècles avaient respectée, et jeté dans des transes mortelles des personnages de la plus haute distinction, qui n'avaient eu d'autre tort que de se défendre quand on cherchait à les précipiter du rang où les avaient élevé la confiance du roi et l'élite du royaume.

Puissent ces vérités être comprises !

Puisse notre travail avoir pour résultat de soulager de nobles infortunes !

Écrivains consciencieux, patriotes reconnus, nous avons l'espoir d'être entendus ! Au besoin, nous faisons nos réserves dans ce premier Exposé, sauf à soumettre d'autres détails dans la deuxième édition.

FIN.

Imprimerie de Beaulé et Juzin, rue du Mongeau-St.-Gervais,

BIBLIOTHEQUE ROYALE